24

9

Mein Adventskalender-Backbuch

CHRISTMAS BAKERY

AUS NEW YORK

24 weihnachtliche Rezepte und stimmungsvolle Storys

EMF

EIN BUCH DER
EDITION MICHAEL FISCHER

Inhalt

GRUNDLAGEN

DEIN ADVENTSKALENDER

Psst ... Hier kannst du dich auf leckere Rezepte freuen, die aber natürlich noch nicht verraten werden!

NEW YORK CHRISTMAS TIME

Weihnachten müsste eigentlich ewig währen, so viel gibt es zu dieser Zeit in New York zu sehen. Neben den Vorschlägen im Buch, sind noch ein paar andere Highlights zu empfehlen und auch ein paar ungewöhnlichere Orte, die man sich nicht entgehen lassen sollte:

Für einen ersten Eindruck und für Eilige:
Eine Fahrt mit dem verrückten, interaktiven The Ride Bus mit Panoramafenstern im Dach – zu dieser Zeit natürlich in der Holiday Edition. Oder gemütlich im Warmen bei einer Bootstour auf dem Hudson River den Lichterglanz der Stadt bestaunen, während draußen die Eisschollen treiben.

Für Theaterliebhaber:
Eine Aufführung von „Der Nussknacker" des New York City Ballets: mit Zinnsoldatengarde, wachsendem Weihnachtsbaum und Kristallschnee.

Kostenlos und stimmungsvoll:
Christmas Caroling – Weihnachtslieder unter freiem Himmel, zum Hören und Mitsingen, z. B. vor dem Rockefeller Center oder im Washington Square Park – hier am besten in den aktuellen Veranstaltungskalender schauen.

Auch für Daheimgebliebene:
Den Filmklassiker „Das Wunder von Manhattan" (Miracle on 34th Street) von 1947 ins eigene Wohnzimmer holen.

Weihnachten hautnah erleben:
Bei einer Holiday Historic House Tour der Queens Historical Society – ein stimmungsvoller Einblick in typische Weihnachtstraditionen in historischen Häusern und Museen!

(Riesen-)Plätzchen knabbern:
Ein Besuch in den lebensgroßen Lebkuchenhäusern im Madison Square Park.

Und zum Schluss noch einige Andenken:
Herrlich kitschige Christbaumdeko aus dem House of Holidays in Queens, einer alten, umgebauten Kunst-Tannenbaumfabrik, die um 1900 erbaut wurde.

MEINE LIEBLINGS WEIHNACHTSREZEPTE

Jedes Jahr dasselbe Problem: Welche Plätzchensorten backe ich? Und wo stand nochmal dieses unfassbar leckere Stollenrezept? In dieser Liste kannst du festhalten, welche Rezepte dir so gut geschmeckt haben, dass du sie wieder und wieder backen willst!

1
2
3
4
5
6
7
8
9
10
11
12
13
14

MEINE
WEIHNACHTS-PLAYLIST

Zu einer ordentlichen Weihnachtsbäckerei gehört auch die passende Musik, die dich in die richtige Stimmung versetzt. Halte hier die Songs fest, die du am liebsten beim Backen hörst oder die du gerne auch mal laut mitsingst.

---

1 ....

2 ....

3 ....

4 ....

5 ....

6 ....

7 ....

8 ....

9 ....

10 ....

11 ....

12 ....

13 ....

14 ....

KÜCHEN
HELFER

Bevor es mit der Weihnachtsbäckerei losgehen kann, brauchst du zunächst das passende Werkzeug für Kekse und Co.

Küchenwaage

Digitale Waagen liefern die exaktesten Angaben. Dies ist vor allem bei sehr feinem Gebäck. hilfreich, da es hierbei oft auf jedes Gramm ankommt. Bei allen anderen Rezepten kann auch mit einer normalen Waage gearbeitet werden.

Ausrollhölzer

Ausrollhölzer sind eine wunderbare Hilfe, damit Kekse eine gleichmäßige Stärke erhalten und somit beim Backen gleichzeitig fertig sind.

Ausstechformen

Die im Buch verwendeten Formen sind als Ideen zu sehen. Hier kannst du nach Herzenslust eigene Lieblingsformen verwenden. Anstatt runder Ausstecher kann auch ein Glas zur Hilfe genommen werden. Dafür den Rand zwischendurch in Mehl tauchen.

Spritzbeutel & Tüllen

Zum Verzieren von Keksen benötigt man einen Spritzbeutel sowie Tüllen in unterschiedlichen Größen. Für Konturen empfehlen sich Tüllen der Größe 1 und 2, zum Ausfüllen Tüllen der Größe 5. Eine französische Tülle ist sehr hübsch für formschöne Baisers. Für Schokoladenglasuren eignen sich am besten Einweg-Spritzbeutel.

Nudelholz

Das gute alte Nudelholz ist ein unentbehrlicher Helfer beim Plätzchenbacken. Auch Edelstahl-Nudelhölzer eignen sich gut, denn daran bleibt der Teig nicht so sehr kleben und es ist schön schwer. Das hilft beim Ausrollen des Teigs. Auch Kunststoff-Ausrollstäbe sind zu empfehlen. Zudem sind beide Varianten sehr gut zu reinigen.

Silikon-Ausrollstab

Wenn man Fondant ausrollen möchte, gelingt dies am besten auf einer Silikonmatte mit einem Silikon-Ausrollstab. Dank der Antihaftbeschichtung klappt das Ausrollen problemlos, ohne dass Fondant, Marzipan & Co. daran hängen bleiben. Der Ausrollstab kann auch wunderbar zum Teigausrollen verwendet werden.

Weitere Helfer erleichtern das Backglück

Backblech und Backpapier, eine Rührschüssel, ein Handrührgerät mit Knethaken und Rührbesen, ein kleines Messer zum Ausschneiden von Keksformen, ein Küchenthermometer, ein Kurzzeitwecker sowie ein kleiner Spatel oder Zahnstocher zum Glattstreichen von Royal Icing.

GRUNDZUTATEN

Einige Zutaten dürfen bei der Weihnachtsbäckerei auf keinen Fall fehlen. Hier findest du die wichtigsten Basics, die du immer wieder brauchst.

Zucker

Manche Rezepte verwenden spannende neue Zuckersorten, die den Keksen eine ganz besondere Note verleihen. Falls diese nicht zur Hand sind, kann man die Menge einfach durch normalen Zucker ersetzen. Wiederum kann Kristallzucker auch z. B. durch Kokosblütenzucker 1:1 ersetzt werden. Diese Alternative eignet sich besonders gut, da sie von der Konsistenz dem Zucker am nächsten ist. Falls man Honig oder Ahornsirup verwenden möchte, muss die zusätzliche Flüssigkeit im Teig ausgeglichen werden. Ist Puderzucker gefordert, sollte man sich jedoch daran halten, da dieser eine besonders feine Konsistenz hat, die z.B. bei der Herstellung von Icings erforderlich ist.

Butter

Butter gibt Keksen und Plätzchen den intensivsten Geschmack. Als vegane Alternative kann man jedoch Margarine verwenden. Seit einiger Zeit gibt es auch vegane Butter, die im Geschmack der Butter ähnelt und eine ähnlich feste Konsistenz besitzt.

Mehl

Wenn nichts Anderes angegeben ist, wird Weizenmehl Type 405 verwendet. Du kannst die Rezepte aber auch mit alternativen Mehlsorten, wie z. B. Dinkelmehl, abwandeln. Dinkelmehl hat viel mehr Nährstoffe als Weizenmehl. Vollkornmehl hingegen ist trockener und benötigt gegebenenfalls mehr Flüssigkeit im Teig, was man z. B. sehr gut durch Honig ausgleichen kann.

Eier

Bei Bio-Eiern aus dem Supermarkt sollte man darauf achten, dass diese die Prüfnummer 0 tragen und aus Deutschland kommen. Falls mal kein Ei zur Hand ist, kannst du dieses durch einen Schuss Sojadrink ersetzen oder bei normalen Mürbeteigen auch weglassen.

Salz

Eine Prise Salz kitzelt die Süße im Gebäck heraus und unterstützt den Geschmack.

Nüsse, Früchte & Gewürze

Keksteige kann man wunderbar mit allerhand Zutaten verfeinern. Sei es mit Nüssen (ob gemahlen, gehackt, pur oder geröstet) oder Früchten (frisch oder getrocknet). Aber auch Zitronenschale oder Gewürze wie Zimt, Kardamom & Co. verfeinern jeden Keks.

Kuvertüre & Kakaopulver

Zum Backen und Verzieren eignet sich Kuvertüre; diese ist vom Geschmack und den Inhaltsstoffen reiner als Tafel-Schokolade. Durch den erhöhten Fettgehalt ist sie dünnflüssiger und somit leichter zu verarbeiten. Zum Backen eignet sich am besten Backkakao; dieser enthält keinen hinzugefügten Zucker wie herkömmlicher Trinkkakao und schmeckt sehr intensiv nach Schokolade.

GEWÜRZ KUNDE

Weihnachten, das bedeutet auch köstliche Gewürzdüfte und -aromen. Diese hier sind in der Weihnachtsbäckerei besonders gern gesehene Gäste.

Vanilleschote

Mit Vanille kann man hervorragend jede Art von Süßspeise verfeinern. Dafür nutzt man das Vanillemark, welches gewonnen wird, indem man die Schote längs aufschneidet und das Mark mit einem Messer vorsichtig herausschabt. Die Vanilleschoten kann man in ein Fläschchen geben und mit Wodka auffüllen. Nach einigen Monaten des Reifens hat man ein wundervolles Vanilleextrakt.

Muskatnuss, Nelken & Anis

Diese drei Gewürze vervollständigen die Weihnachtsgewürz-Palette und werden vor allem in der Weihnachtsbäckerei für die typischen Gebäcksorten wie Lebkuchen oder Pfeffernüsse eingesetzt. Am besten eignen sich gemahlene Gewürze, da sie in dieser Form den Gebrauch vereinfachen.

Zimt

... ist wahrscheinlich das typischste Weihnachtsgewürz in Europa und eignet sich in gemahlener Form hervorragend zum Backen! Zimt verfeinert jedoch nicht nur Backwaren, sondern auch Heißgetränke und sorgt für einen kleinen Energieschwung in der Winterzeit.

Nüsse

Diverse Nüsse vervollständigen die Zutatenliste von winterlichem Gebäck und verleihen den Backwaren ein besonderes Aroma. Meist sind sie je nach Belieben auch austauschbar.

Cranberrys

Cranberrys eignen sich als Winterbeeren hervorragend zum Backen in der Weihnachtszeit. Der herb-säuerliche Geschmack verleiht den Backwaren eine besondere Note.

Ingwer

Nicht nur in der asiatischen Küche ist Ingwer beliebt, sondern auch in der Weihnachtsbackstube. Gemahlener Ingwer ist die ausschlaggebende Zutat in Ingwerplätzchen und Lebkuchen, die im Englischen auch Ingwerbrot (Gingerbread) genannt werden.

SO GELINGEN DIE PERFEKTEN PLÄTZCHEN

Hier und da lauern beim Plätzchenbacken auch ein paar Tücken. Hier findest du Tipps & Tricks, mit denen nicht nur das Backen gelingt, sondern die süßen Naschereien auch länger schmackhaft bleiben.

Kühlen hilft

Bei vielen Plätzchen ist es hilfreich, den fertigen Teig mindestens eine Stunde abgedeckt kühlzustellen. So lässt er sich im Anschluss besser ausrollen, ausstechen oder formen.

Nicht zu viel Mehl

Gib nicht zu viel Mehl zum Mürbeteig. Auch wenn dir der Teig etwas klebrig vorkommt, ist es wichtig, nicht noch zu viel Mehl zuzugeben, da die Konsistenz der Plätzchen dann an Qualität verliert. Fällt dir das Ausrollen schwer, lege lieber Folie oder Backpapier auf und unter den Teig, um ein Festkleben zu verhindern.

Eier trennen? Kein Problem!

Dir ist beim Eiertrennen ein Eigelb entkommen und im Eiweiß gelandet? Kein Grund, die FInte ins Korn zu werfen. Eine saubere Plastikflasche ist hier deine Rettung: Drücke die leere Flasche zusammen, halte sie schräg über das Ausreißer-Eigelb, lass los und – schwupps! – hast du das Eigelb wieder eingefangen.

Förmchen mehlen

Machst du Plätzchen mit Ausstechformen, ist es sinnvoll, die Förmchen mit Mehl zu bestäuben. So bleibt der Teig nicht so stark kleben, und du kannst deine Kekse leichter aus der Form lösen.

Backzeit ist nicht gleich Backzeit

Achte auf die Backzeit! Öfen sind durchaus unterschiedlich, und so kann es passieren, dass die Plätzchen in deinem vielleicht schon schneller fertig sind oder vielleicht sogar etwas länger brauchen. Prüfe deshalb auch vor Ablauf der angegebenen Backzeit ab und zu den aktuellen Stand, damit sie dir nicht verbrennen.

Runter vom Blech!

Sobald die fein duftenden Plätzchen aus dem Ofen kommen, sollten sie möglichst bald vom Blech genommen werden, um abzukühlen. Durch die Hitze des Backblechs backen und härten sie sonst nach.

Auf die Dose kommt es an

Am leckersten bleiben deine Plätzchen, wenn du sie in Metalldosen aufbewahrst und nach einzelnen Sorten trennst. Wenn du zwischen jeder Lage Plätzchen eine Lage Backpapier platzierst, kleben sie nicht zusammen.

Coole Kekse

Lass die Plätzchen vor dem Verzieren gut auskühlen. Sind sie noch warm, verflüssigen sich Schokolade, Zuckerguss und Co., verlaufen und bleiben nicht dort haften, wo du sie gerne hättest.

Hilfe, zu hart!

Sind die Plätzchen etwas zu hart geworden, schafft ein Apfel Abhilfe: Lege diesen einfach mit in die Dose. Dabei solltest du allerdings darauf achten, ihn nicht zu lange darin zu lassen, damit der Apfel nicht zu schimmeln beginnt.

ALLES KÖNNER

Plätzchen sind so vielseitig! Hier findest du noch ein paar zusätzliche Anregungen, was mit diesen kleinen Leckereien so alles möglich ist.

Für Geschenke

Auch als originelle Geschenkanhänger lassen sich Kekse und Plätzchen einsetzen: Dazu kleine Rechtecke oder Anhänger ausschneiden und an einer Seite mittig ein Loch bohren (das geht gut mit einer kleinen Spritztülle). Backen und anschließend einfach mit Zuckerschrift aus der Tube beschriften oder mit Guss überziehen und zusätzlich verzieren (z. B. mit Zuckerguss weiß färben und darauf mit bunter Zuckerfarbe schreiben).

Mehr Aroma

Mit etwas Würze werden Kekse auch ohne Deko zu einem besonderen Liebling des Plätzchentellers. Dazu z. B. ⅓ TL gemahlenen Kardamom, das Mark von ½ Vanilleschote oder die abgeriebene Schale von ½ Bio-Zitrone (evtl. zusätzlich mit 2 EL ganz fein gehacktem Zitronat) am Ende mit unter den hellen Teig kneten. In dunklem Teig machen sich ½ TL gemahlener Zimt, Lebkuchengewürz, 1 TL Instant-Espressopulver in 1 EL Wasser aufgelöst oder die abgeriebene Schale von ½ Bio-Orange (evtl. mit 2 EL ganz fein gehacktem Orangeat) gut.

An die Tassen

Damit schmecken Tee und heiße Schokolade doppelt so gut: Die Plätzchen mit speziellen Tassenanhänger-Ausstechförmchen ausstechen oder normale, nicht allzu große Ausstecher verwenden und an einer Seite jedes Plätzchens jeweils einen etwa 3 cm langen und 5 mm dicken Schnitt einfügen.

Für die Optik

Nicht nur für Kids der Hit: Ausstecher-Plätzchen lassen sich kinderleicht verzieren, indem man 2 Eigelbe mit 1 EL Milch verquirlt und die Plätzchen vor dem Backen damit bestreicht. Darauf dann nach Belieben Zuckerstreusel, Perlen, Glitzerzucker oder anderen Zuckerdekor aufstreuen und backen – dabei einfach nur darauf achten, dass der Dekor backbeständig ist!

hello

DECEMBER!

YOU'RE THE LAST MONTH,

SO BE THE BEST

one

1

1

LEMON CREAM CHEESE COOKIES

Frischkäse und Zitrone verleihen diesen Plätzchen eine herrlich säuerliche Note – noch mehr Saures gibt's dann dank Guss und herben, säuerlichen Cranberrys.

FÜR CA. 60 STÜCK

FÜR DIE KEKSE

100 g Doppelrahmfrischkäse

200 g weiche Butter

200 g Zucker

1 Eigelb (Größe M)

Abrieb von 1 Bio-Zitrone

Salz

300 g Mehl

FÜR DEN GUSS

100 g getrocknete Cranberrys

70 g Pistazienkerne

250 g Puderzucker

4–5 EL Zitronensaft

1 Frischkäse in die Rührschüssel geben, Butter in Flöckchen schneiden und mit Zucker dazugeben. Mit den Schneebesen des Handrührgeräts oder der Küchenmaschine alles cremig verrühren, dann das Eigelb, Zitronenschale und 2 Prisen Salz unterrühren.

2 Das Mehl zugeben und alles zügig zu einem Teig zusammenfügen. Teig zur Kugel formen, in Folie wickeln und 3–4 Stunden kühlen.

3 Den Backofen auf 175 °C Ober-/Unterhitze (160 °C Umluft) vorheizen und ein Backblech mit Backpapier auslegen. Den Teig auf einer bemehlten Arbeitsfläche etwa 5 mm dick ausrollen. Herzen oder Kreise ausstechen und auf das Blech legen. Im heißen Ofen (Mitte) 12–14 Minuten backen; die Plätzchen sollten nur von unten bräunen, oben aber noch hell sein. Aus dem Ofen nehmen, kurz abkühlen lassen, dann auf dem Kuchengitter vollständig auskühlen lassen.

4 Cranberrys feiner, die Pistazien grob hacken. Puderzucker und Zitronensaft zu einem dickflüssigen Guss verrühren. Die Plätzchen mit der Oberseite hineintauchen und auf ein Kuchengitter zum Trocknen legen. Mit Pistazien und Cranberrys bestreuen und gut trocknen lassen.

SPORT

GIBT DIR DAS GEFÜHL
BESSER AUSZUSEHEN,

GLÜHWEIN

AUCH

2

2

DANISH BUTTER COOKIES

Auch die New Yorker lieben es hyggelig. Mit einer großen Tasse Spicy Hot Chocolate und feinem skandinavischem Buttergebäck wird die Adventszeit "layed back" und skandinavisch gemütlich.

FÜR CA. 30 STÜCK

250 g Butter

je 50 g rote und grüne Belegkirschen

280 g Zucker

3 EL Sahne

380 g Mehl

Salz

2 Msp. gemahlener Kardamom

1 Die Butter in Stücke schneiden und in einem kleinen Topf zerlassen, dabei erhitzen, bis sie leicht bräunt. Vom Herd nehmen, in eine Rührschüssel gießen und leicht abkühlen lassen. Inzwischen die Belegkirschen grob hacken.

2 200 g Zucker nach und nach unter Rühren mit den Schneebesen der Küchenmaschine oder des Handrührgeräts in die flüssige Butter einrieseln lassen. So lange rühren, bis alles schaumig dick ist. Sahne unterrühren, dann das Mehl, 1 Prise Salz, Kardamom und die Belegkirschen zugeben und zügig zu einem glatten Teig zusammenkneten.

3 Den Teig in 2 Portionen teilen und auf einer leicht bemehlten Arbeitsfläche zu zwei Rollen (à Ø 4 cm) formen. Die Rollen in dem übrigen Zucker wenden, den Zucker leicht andrücken, anschließend die Rollen in Folie wickeln und 12 Stunden, am besten über Nacht, kühlen.

4 Den Backofen auf 200 °C Ober-/Unterhitze (180 °C Umluft) vorheizen. Die Rollen jeweils in etwa 5 mm dicke Scheiben schneiden und mit Abstand zueinander auf mit Backpapier ausgelegte Bleche legen. Im heißen Ofen (Mitte) 10–12 Minuten hellbraun backen. Herausnehmen, kurz abkühlen, dann auf dem Kuchengitter vollständig auskühlen lassen.

KEEP
CALM
AND
BAKE
ON

3

3

NUTTY GINGER-BREAD BARS

Nussknacker aufgepasst, denn hier gibt es leckeres Futter: Gebrannte Mandeln und Pekannüsse geben sich bei diesem Rezept ein aufregendes Stelldichein.

FÜR 16–25 STÜCK

FÜR DEN TEIG

200 g kalte Butter

150 g Mehl

150 g Weizenvollkornmehl

50 g Zucker

Salz

FÜR DEN BELAG

100 g gebrannte Mandeln (Fertigprodukt)

50 g Butter

60 g Melasse

80 g goldener Zuckersirup (alternativ Blütenhonig)

2 EL Rum

2 Eier (Größe M)

2 TL Lebkuchengewürz

Salz

200 g Pekannusskerne

AUSSERDEM

Springform oder Auflaufform (22 x 22 cm)

1 Butter in Stückchen schneiden und mit den beiden Mehlsorten, Zucker, und ½ TL Salz in einer Rührschüssel mischen. Mit den Knethaken des Handrührgeräts oder der Küchenmaschine so lange rühren, bis feuchte Krümel entstanden sind, die leicht an nassen Sand erinnern. Anschließend die Krümel mit den Händen rasch zu einem glatten Teig kneten.

2 Den Ofen auf 175 °C Ober-/Unterhitze (160 °C Umluft) vorheizen und eine (Spring-)Form mit Backpapier auslegen. Den Teig in in die Form geben und mit den Händen flach und gleichmäßig auf dem Boden festdrücken. Im heißen Ofen (Mitte) etwa 20 Minuten goldbraun backen, herausnehmen und leicht abkühlen lassen.

3 Inzwischen die Mandeln grob hacken und die Butter in Stückchen schneiden. In einem Topf Melasse, Zuckersirup, Rum, Butter, Eier, das Lebkuchengewürz und ½ TL Salz langsam erhitzen, dabei mit einem Schneebesen gründlich rühren, bis die Butter geschmolzen ist. Nun bei niedriger bis mittlerer Hitze leicht unter Rühren kochen, bis die Masse cremig einzudicken beginnt. Dann die Mandeln unterrühren.

4 Die Gewürz-Mandel-Masse auf den Teigboden gießen und gleichmäßig verteilen. Die Pekannüsse nun obenauf streuen und eventuell leicht in die Masse eindrücken. Im heißen Ofen (Mitte) weitere 30 Minuten backen, bis die Masse fest ist.

5 Herausnehmen und auf einem Kuchengitter auskühlen lassen, dann ringsum am Rand mit einem Messer aus der Form lösen und in 16 große oder 25 kleine Stücke schneiden.

LIEBER Weihnachtsmann,

BEVOR ICH ANFANGE ZU ERKLÄREN…

wie viel weißt du schon?

4

4

DOUBLE CHOCOLATE CHECKERBOARDS

Schwarz-Weiß-Gebäck ist nicht unbedingt sexy. Mit zweierlei Schokolade werden diese Schachbretter aber zur echten Delikatesse: GIMME MORE!

FÜR CA. 50 STÜCK

30 g weiße Schokolade

30 g Zartbitterschokolade

250 g Mehl

100 g Zucker

1 Pck. Vanillezucker

¾ TL Backpulver

Salz

150 g kalte Butter

2 Eigelb (Größe L)

1 EL Backkakao

1 Eiweiß (Größe L)

1 Beide Schokoladensorten getrennt ganz fein mahlen oder reiben.

2 Mehl, Zucker, Vanillezucker, Backpulver und 1 Prise Salz in einer Schüssel mischen. Butter in Flöckchen schneiden und daraufgeben, dann mit einem Messer rasch zu einer krümeligen Masse hacken. Eigelbe zugeben, ebenfalls unterhacken, dann alles zwischen den Händen zu feinen Bröseln zerreiben und zügig zusammenkneten.

3 Den Teig halbieren und unter eine Hälfte die weiße Schokolade, unter die andere die Zartbitterschokolade und den Kakao kneten. Auf einer leicht bemehlten Arbeitsfläche nacheinander zu gleich großen Rechtecken von etwa 1 cm Höhe ausrollen.

4 Den Teig jeweils längs in 1 cm breite Streifen schneiden. Je einen hellen und dunklen Streifen aneinanderlegen, dabei die Fläche, an der sie sich berühren, leicht mit Eiweiß bepinseln. Obenauf mit Eiweiß bepinseln und wechselseitig einen dunklen und hellen Streifen auflegen und leicht andrücken. Die Teigstangen so einzeln in Folie wickeln und 2 Stunden kühlen.

5 Den Backofen auf 160 °C Ober-/Unterhitze (140 °C Umluft) vorheizen und zwei Backbleche mit Backpapier auslegen. Die Teigstangen quer in etwa 5 mm dicke Quadrate schneiden und mit Abstand zueinander auf die Bleche legen.

6 Im heißen Ofen (Mitte) 10–12 Minuten backen, bis sie ganz leicht zu bräunen beginnen. Herausnehmen, leicht abkühlen lassen, dann auf einem Kuchengitter vollständig auskühlen lassen.

WENN MAN DURCH Kaffee Glühwein ERSETZT, WIRD ES AUF DER Arbeit GLEICH viel Lustiger

5

5

COFFEE CARAMEL THUMBPRINTS

Supereasy und superlecker. Wer es einfacher und süßer mag, füllt eine Marmelade nach Wahl in die Cookies.

FÜR CA. 30 STÜCK

FÜR DEN TEIG

200 g Mehl

Salz

30 g Speisestärke

75 g Zucker

120 g kalte Butter

1 Ei (Größe S)

FÜR DIE FÜLLUNG

80 g Sahne

¾ TL Instant-Espressopulver

50 g Zucker

2 EL Honig

1 Mehl zusammen mit 1 Prise Salz, Stärke und Zucker in einer Rührschüssel mischen. Butter in Flöckchen schneiden und daraufgeben. Butter mit Mehl zu Bröseln hacken, dann mit den Händen zu feinen Bröseln reiben. Ei zugeben und alles zügig zu einem glatten Teig verkneten. In Folie wickeln und 1 Stunde kühl stellen.

2 Den Backofen auf 175 °C Ober-/Unterhitze (160 °C Umluft) vorheizen und ein Backblech mit Backpapier auslegen. Den Teig zu einer Rolle von Ø 2 cm formen und in etwa 1,5 cm breite Stücke schneiden. Die Scheiben auf das Blech legen und mit dem Daumen jeweils eine Mulde eindrücken. Im heißen Ofen (Mitte) etwa 25 Minuten goldgelb backen. Herausnehmen, leicht abkühlen, dann auf einem Kuchengitter vollständig auskühlen lassen.

3 Inzwischen Sahne leicht erwärmen und Espressopulver darin auflösen. Den Zucker in einen Topf geben und bei mittlerer Hitze goldbraun karamellisieren lassen. Sahne und Honig zugeben und unter Rühren 3–4 Minuten bei starker Hitze kochen, bis sich der Karamell vollständig gelöst hat, und die Masse leicht dicklich wird. Noch warm in die Plätzchen gießen und abkühlen lassen.

WINTER WUNDERLAND

CENTRAL PARK

Schlittschuhlaufen ist das Wintervergnügen der New Yorker schlechthin, und es gibt zahlreiche Eisbahnen in der ganzen Stadt. Die wohl bekannteste liegt direkt vor dem Rockefeller Center, am Fuße des riesigen Christbaums, umrahmt von tausenden, blinkenden Lichtern und Trompete spielenden Engeln.

Etwas ruhiger, aber nicht weniger beeindruckend, ist die Eislaufbahn im Central Park. Arm in Arm mit den Liebsten gleitet man am Wollman Rink über das Eis und hat dabei einen atemberaubenden Blick auf die Skyline Manhattens mit dem One 57 Tower und dem The Plaza Hotel im Vordergrund.

Nach dem sportlichen Programm auf Kufen lädt der verschneite Central Park zu einem gemütlichen Spaziergang durch sein weißes Winterwunderland ein. Vorbei an mit Frostblüten behängten, hundert Jahre alten Eichen, Buchen und Ulmen, über schneebedeckte Brücken schlendernd, kann man sich hier nach dem erfolgreichen Christmas Shopping einige Minuten Auszeit von dem sich schnell drehenden Großstadtleben gönnen, ein wenig Ruhe und frische Luft genießen.

An sonnigen Tagen packt man sich am besten eine Thermoskanne gefüllt mir Ginger Chai Latte und ein paar Hot Chocolate Cookies in den Picknick-Korb und macht es sich auf einer der rot-lackierten Schmiedeisenbänken gemütlich.

6

6

BUNTE CHRISTMAS BLONDIES

Egal, ob blond, ob braun: Wir alle lieben diese super soften, super schokoladigen Happen. Mit bunten Schokolinsen sind sie bei Kindern ganz klar Nummer eins.

FÜR CA. 25 STÜCK

70 g geröstete und gesalzene Macadamianusskerne

150 g weiße Schokolade

150 g Butter

2 Eier (Größe L)

125 g Zucker

Mark von 1 Vanilleschote

200 g Mehl

80 g Schokolinsen (am besten in Rot und Grün)

AUSSERDEM

Brownie-Backform (24 x 24 cm)

1 Den Backofen auf 175 °C Ober-/Unterhitze (160 °C Umluft) vorheizen. Die Backform mit Backpapier auslegen. Nüsse grob hacken. Schokolade in Stücke brechen und Butter in Stücke schneiden. Beides in einer Schüssel über dem heißen Wasserbad bei nicht allzu großer Hitze schmelzen lassen.

2 Inzwischen Eier mit den Schneebesen des Handrührgeräts dick-cremig aufschlagen, dabei nach und nach Zucker zugeben, zuletzt Vanillemark unterrühren. Die geschmolzene Schoko-Butter-Mischung unter die Eiermasse rühren. Mehl, gehackte Nüsse und etwa die Hälfte der Schokolinsen dazugeben und zügig mit einem Teigspatel unterrühren.

3 Den Teig in die Form füllen. Die übrigen Schokolinsen gleichmäßig auf den Teig streuen und die Blondies im heißen Ofen (Mitte) etwa 20 Minuten backen. Die Ränder sollten dann festgebacken, der innere Teil aber noch weich sein. Aus dem Ofen nehmen, in der Form abkühlen lassen, dann aus Form und Papier lösen und in etwa 4 x 4 cm große Stücke schneiden.

Dear Santa, sorry I ate your cookies

7

7

PEPPERMINT CHOCOLATE COOKIES

Pfefferminz und Schokolade sind das Dreamteam in US-Candy-Canes und Cookies. Ungewöhnlich? Nein, superlecker, wie kleine Minz-Schokotäfelchen ...

FÜR CA. 30 STÜCK

150 g Zartbitterschokolade

200 g Butter

150 g Zucker

200 g Mehl

50 g Backkakao

¼ TL Backpulver

¼ TL Natron

Salz

1 Ei (Größe L)

3–5 Tropfen Pfefferminzöl (nach Belieben)

125 g Vanille-Kuchenglasur (Fertigprodukt)

3–6 Zuckerstangen

1 Die Schokolade in Stücke brechen, die Butter in Stücke schneiden und zusammen mit dem Zucker über dem Wasserbad unter gelegentlichem Rühren schmelzen. Dabei darauf achten, dass die Masse nicht zu heiß wird. Leicht abkühlen lassen.

2 Inzwischen Mehl, Kakaopulver, Backpulver, Natron und 1 Prise Salz mischen. Erst das Ei unter die leicht abgekühlte Masse rühren, anschließend Mehl und Pfefferminzöl hinzugeben. Den weichen Teig in Folie wickeln und 1–2 Stunden im Kühlschrank fest werden lassen, anschließend halbieren und aus den Hälften zwei Rollen (á Ø 5 cm), in Pergamentpapier wickeln und über Nacht an einem kühlen Ort (oder im Kühlschrank) fest werden lassen.

3 Am nächsten Tag den Backofen auf 160 °C (Umluft) vorheizen und zwei Backbleche mit Backpapier auslegen. Die Teigrollen in 6 mm dicke Scheiben schneiden und mit Abstand zueinander auf die Bleche legen. Im heißen Ofen (Mitte) 20–25 Minuten backen, herausnehmen und erst auf dem Blech, dann auf dem Kuchengitter gut auskühlen lassen.

4 Die Kuchenglasur nach Packungsanweisung schmelzen, die Candy Canes in einen Gefrierbeutel geben und mit einem schweren Gegenstand zerkleinern. Die Cookies jeweils zur Hälfte in die Glasur tauchen, leicht abtropfen lassen und auf ein Kuchengitter legen, sofort mit Candy-Cane-Splittern bestreuen und fest werden lassen.

A balanced diet is a cookie in each hand

8

8

RED VELVET CRINKLE COOKIES

Einfach märchenhaft: Gebäck, das an roten Samt unter einer weißen Schneedecke erinnert. New Yorker Schneewittchen lieben diese Cookies!

FÜR CA. 20 STÜCK

50 g weiße Schokolade

80 g weiche Butter

100 g extrafeiner Zucker

1 Pck. Vanillezucker

2 Eier (Größe S)

5 Tropfen Bittermandelaroma

rote Lebensmittelfarbe

200 g Mehl

Salz

30 g Backkakao

1 TL Backpulver

Puderzucker zum Wälzen (ca. 40–50 g)

1 Die Schokolade grob hacken. Butter in Stückchen schneiden und mit den Schneebesen des Handrührgeräts oder der Küchenmaschine cremig-weiß rühren, dabei nach und nach den Zucker und Vanillezucker zugeben. Eier, Bittermandelaroma und die Farbe nacheinander zugeben und jeweils gründlich unterrühren.

2 Mehl, 1 Prise Salz, Kakaopulver und Backpulver mischen. Mit der gehackten Schokolade zur Eiermasse geben und zügig mit einem Löffel gründlich unterrühren. Den weichen Teig 3–4 Stunden kühlen.

3 Den Backofen auf 175 °C Ober-/Unterhitze (160 °C Umluft) vorheizen. Den Puderzucker in einen tiefen Teller geben. Von dem Teig mit einem Teelöffel jeweils kleine Stückchen abnehmen und mit den Händen zu etwas mehr als walnussgroßen Bällchen formen.

4 Die Kugeln gut in Puderzucker wälzen, bis sie mit einer dicken Schicht überzogen sind, dann ganz leicht flach drücken und mit Abstand zueinander auf mit Backpapier ausgelegte Bleche legen. Im heißen Ofen (Mitte) 12–15 Minuten backen. Herausnehmen, erst auf dem Blech und anschließend auf dem Kuchengitter auskühlen lassen.

Merry Christmas

Believe
IN THE
magic
OF
Christmas!

9

9

CANDY CANE BROWNIES

Schokolade satt – das ist das Geheimnis saftiger Brownies. Gewürze und Candy Canes machen sie weihnachtsfein und noch unwiderstehlicher.

FÜR CA. 25 STÜCK

250 g Zartbitterschokolade

250 g Butter

4 Eier (Größe M)

250 g Zucker

150 g Mehl

1 EL Backkakao

1 TL Lebkuchengewürz

80 g Zuckerstangen

AUSSERDEM

Brownie-Backform (24 x 24 cm)

1 Den Backofen auf 175 °C Ober-/Unterhitze (160 °C Umluft) vorheizen. Eine rechteckige Backform mit Backpapier auslegen. Die Schokolade in Stücke brechen und die Butter in Stücke schneiden. Beides in einer Schüssel über dem heißen Wasserbad bei nicht allzu starker Hitze schmelzen lassen.

2 Inzwischen die Eier mit den Schneebesen des Handrührgeräts dicklich cremig rühren, dabei nach und nach den Zucker zugeben. Mehl, Kakaopulver und Lebkuchengewürz mischen. Die geschmolzene Schoko-Butter-Mischung unter die Eiermasse rühren, dann die Mehlmischung dazugeben und zügig mit einem Teigspatel unterrühren.

3 Den Teig in die Form füllen. Die Zuckerstangen mit einem großen Messer grob zerhacken, die Stücke auf den Brownie-Teig streuen. Die Brownies im heißen Ofen (Mitte) etwa 25 Minuten backen. Die Ränder sollten festgebacken, der innere Teil nur leicht fest sein. Herausnehmen, auf einem Kuchengitter abkühlen lassen, dann aus Form und Backpapier lösen und in etwa 4 x 4 cm große Stücke schneiden.

DAS
LECKERSTE
Weihnachtsgemüse
IST UND BLEIBT DIE
Marzipan-kartoffel

10

10

COCONUT LIME SNOWBALLS

Für alle, die im New Yorker Winter von der Karibik träumen: Zitrusfrisch und kokoszart beamen diese Cookies geschmacklich direkt an den Palmenstrand.

FÜR CA. 40 STÜCK

250 g weiche Butter

60 g Puderzucker

Mark von ½ Vanilleschote

80 g Kokosraspel

Abrieb von 1 Bio-Limette

280 g Mehl

Salz

80 g Puderzucker zum Wälzen

1 Die Butter in Stücke schneiden und mit den Schneebesen des Handrührgeräts oder der Küchenmaschine cremig-weiß rühren, dabei nach und nach den Puderzucker und zuletzt das Vanillemark unterrühren.

2 Kokosraspel und 1 TL Limettenschale mit 2 EL Mehl im Blitzhacker fein zermahlen, dann mit dem übrigen Mehl und 1 Prise Salz mischen und zügig mit einem Löffel unter die Butter-Zucker-Masse rühren. Den weichen Teig in Folie wickeln und 1 Stunde im Kühlschrank kühlen.

3 Den Backofen auf 175 °C Ober-/Unterhitze (160 °C Umluft) vorheizen und ein Backblech mit Backpapier auslegen. Mit einem Teelöffel jeweils etwas Teig abnehmen und daraus etwas mehr als walnussgroße Bällchen formen. Mit etwas Abstand zueinander auf das Blech legen. Im heißen Ofen (Mitte) 12–15 Minuten backen. Herausnehmen und leicht abkühlen lassen.

4 Puderzucker zum Wälzen in ein Schälchen geben und mit übriger Limettenschale mischen. Die Bällchen noch leicht warm darin wenden, sodass der Puderzucker gut und reichlich daran haften bleibt. Auf einem Kuchengitter vollständig auskühlen lassen.

Merry Christmas

Christmas

IS NOT A

season,

IT'S

A FEELING

11

11

LINZER COOKIES

Die "German-Austrian Community" brachte diesen Klassiker auch in den Big Apple. Mit Cranberrykonfitüre wird daraus etwas typisch Amerikanisches.

FÜR CA. 30 STÜCK

150 g weiche Butter

50 g Puderzucker

1 Ei (Größe M)

1 TL Kirschwasser

150 g Mehl

150 g gemahlene Haselnusskerne

¼ TL gemahlener Zimt

1 Msp. gemahlene Nelken

½ TL Backkakao

Puderzucker zum Bestäuben

150 g Cranberrykonfitüre (siehe Tipp; alternativ Himbeerkonfitüre)

1 Butter in Stücke schneiden und mit den Schneebesen des Handrührgeräts oder der Küchenmaschine cremig-weiß rühren, dabei nach und nach den Puderzucker dazugeben. Ei und Kirschwasser zugeben. Alles zu einer cremigen Masse rühren.

2 Mehl, Haselnüsse, Gewürze und Kakaopulver mischen, zur Buttermasse geben und zügig mit den Händen zu einem glatten Teig verkneten. Teig in Folie wickeln und 1 Stunde im Kühlschrank ruhen lassen.

3 Den Backofen auf 175 °C Ober-/Unterhitze (160 °C Umluft) vorheizen. Den Teig auf einer leicht bemehlten Arbeitsfläche 3–4 mm dick ausrollen und Kreise, Sterne oder Herzen ausstechen. Aus der Hälfte der Kreise in der Mitte kleine Herzen, Sterne oder Löcher ausstechen. Die Plätzchen auf ein mit Backpapier ausgelegtes Blech legen und im heißen Ofen 8–10 Minuten backen. Herausnehmen, erst auf dem Blech, dann auf dem Kuchengitter auskühlen lassen.

4 Die Plätzchen mit den ausgestochenen Motiven mit Puderzucker überstäuben. Die anderen Plätzchen mit Cranberrykonfitüre bestreichen und jeweils ein überzuckertes Plätzchen mit „Fenster" auflegen und leicht festdrücken.

TIPP

1 Bio-Orange heiß waschen, die Hälfte der Schale fein abreiben, Saft auspressen. 180 g Cranberrys (frisch oder tiefgekühlt) waschen und fein hacken. Abrieb und Cranberrys mit 90 g Gelierzucker (2:1) in einem Topf mischen. 1 Vanilleschote aufschneiden, Mark herauskratzen und samt Schale und 3 EL Portwein unterrühren. Zugedeckt 1 Stunde ziehen lassen. Alles aufkochen und 4–5 Minuten sprudelnd kochen lassen. Sofort in ein heißes, sauberes Einmachglas füllen und verschließen.

MEETING SANTA

Bereits zu Erntedank verlegt Santa Claus seinen Wohnsitz vorübergehend nach New York. Während die einen sich noch den Truthahn schmecken lassen, jubeln die anderen bereits dem Weihnachtsmann auf Macy's Thanksgiving Parade zu, wo er auf dem letzten bunt geschmückten Wagen in die Stadt einzieht.

Von nun an residiert er in Macy's Kaufhaus, im Santaland: Eine gigantische Nordpollandschaft mit Kunstschnee und Rentieren und Eisbären aus Plüsch, die nicht nur Kinderherzen höher schlagen lässt. Wer von den Kleinsten Glück hat, den zieht Saint Nic mit lautem Hohohooo auf seinen Schoß und erfüllt vielleicht auch noch den Wunsch, der ihm ins Ohr geflüstert wird.

Auch außerhalb des Traditionskaufhauses kann man unverhofft auf Old Santa treffen; z. B. bei einer Light-Tour durch die Dyker Heights in Brooklyn. Mit meterhohen leuchtenden Nussknackerfiguren, Schneemännern und bunten Schleifen versuchen sich hier die Anwohner seit Jahren mit immer ausgefalleneren Hausdekorationen zu übertreffen, ganz nach dem Motto: We like it big.

Klein, ruhig und ideal für einen Familienausflug ist dagegen die Train-Show im New Botanical Garden in der Bronx. Hier tuckern gemütlich Modelleisenbahnen durch kleine Nachbauten von New York – alles im Miniaturformat und nur während der Weihnachtszeit.

12

12

STICKY PEANUT BUTTER COOKIES

Peanut Butter Cookies gehen in den Staaten immer. Zur Weihnachtszeit darf noch richtig üppig Toffee dazu, Kalorien werden erst im neuen Jahr wieder gezählt.

FÜR CA. 30 STÜCK

200 g weiche Butter

70 g brauner Zucker

100 g Zucker

200 g Erdnusscreme

1 Ei (Größe L)

½ TL Vanilleextrakt

180 g Mehl

¾ TL Natron

Salz

30 Karamell-Pralinen

1 Die Butter in Stückchen schneiden und mit den Schneebesen des Handrührgeräts oder der Küchenmaschine cremig rühren, dabei nach und nach braunen und weißen Zucker zugeben. Anschließend erst die Erdnusscreme, dann Ei und Vanilleextrakt gründlich unterrühren.

2 Mehl, Natron und 2 Prisen Salz mischen und zügig unterrühren. Den Teig zu etwa 30 kleinen Bällchen jeweils rund um eine Praline formen. Die Bällchen mit reichlich Abstand zueinander auf mit Backpapier ausgelegte Bleche setzen und mit einer Gabel kreuzweise 1–1,5 cm hoch flach und rund drücken. 30 Minuten kühl stellen.

3 Den Ofen auf 175 °C Ober-/Unterhitze (160 °C Umluft) vorheizen. Die Cookies im heißen Ofen (Mitte) etwa 10 Minuten leicht braun backen. Herausnehmen und auf dem Blech auskühlen lassen.

A
COOKIE
A DAY
KEEPS THE
CHRISTMAS
STRESS AWAY

13

13

HOT MEXICAN CHOCOLATE CRESCENTS

Nach einem Gang durch die kühlen Wolkenkratzerschluchten von New York heizen diese Plätzchen ordentlich ein – wer mag, erhöht die Chilimenge ...

FÜR CA. 50 STÜCK

50 g Zartbitterschokolade

100 g Pekannusskerne

150 g Mehl

Salz

½ TL gemahlener Zimt

2 Msp. Chilipulver

50 g feiner Zucker

150 g kalte Butter

1 Pck. Vanillezucker

4 EL Puderzucker

2 TL Backkakao

1 Die Schokolade fein reiben oder im Blitzhacker fein mahlen. Pekannüsse ebenfalls fein mahlen. Beides mit Mehl, 1 Prise Salz, Zimt, Chilipulver und Zucker mischen und auf die Arbeitsfläche geben.

2 Butter in Flöckchen schneiden und auf der Mehlmischung verteilen. Alles mit einem großen Messer ineinanderhacken, dann zwischen den Händen zügig krümelig zerreiben und zuletzt locker zu einem Teig zusammenkneten. Teig halbieren und zu zwei Rollen (à Ø 3 cm) formen, diese in Folie wickeln und 1–2 Stunden im Kühlschrank kühlen.

3 Teigrollen in etwa 1 cm dicke Scheiben schneiden. Die Scheiben zu kleinen, etwa 6 cm langen Würstchen mit spitzen Enden formen, zu Hörnchen biegen und auf mit Backpapier ausgelegte Bleche legen. Möglichst nochmals 30 Minuten kühl stellen.

4 Den Backofen auf 150 °C Ober-/Unterhitze (130 °C Umluft) vorheizen. Die Hörnchen im heißen Ofen (Mitte) 18–20 Minuten backen. Herausnehmen und kurz abkühlen lassen.

5 Inzwischen Vanillezucker, Puderzucker und Kakaopulver in einem tiefen Teller gut mischen. Die noch warmen Hörnchen vorsichtig darin wenden und auf einem Kuchengitter vollständig auskühlen lassen.

EAT,
SLEEP,
BAKE,
REPEAT!

14

14

GINGERBREAD

MAN AND WOMAN

An Weihnachten wollen alle kuscheln. Drum gibt's für die klassischen Lebkuchenmänner jetzt auch das weibliche Pendant. Am besten paarweise genießen!

FÜR CA. 40 STÜCK

FÜR DEN TEIG

120 g Zucker

100 g Melasse

1½ TL gemahlener Ingwer

1 TL gemahlener Zimt

gemahlene Nelken und Muskatblüte (Macis)

1 TL Natron

125 g kalte Butter

1 Ei (Größe M)

350 g Mehl

FÜR DEN GUSS

80 g Puderzucker

1½ TL Zitronensaft

1 Zucker und Melasse in einem Topf erhitzen, bis der Zucker sich aufgelöst hat. Ingwer, Zimt und je 2 gute Prisen Nelken und Muskatblüte zusammen mit Natron unterrühren. Butter in Stücke schneiden, dazugeben und rühren, bis sich alles gut verbunden hat. Die Masse lauwarm abkühlen lassen. Dann erst das Ei und portionsweise Mehl zugeben und jeweils gründlich unterrühren. Den Teig abkühlen lassen, in Folie wickeln und über Nacht im Kühlschrank legen.

2 Am nächsten Tag den Teig vierteln oder halbieren und portionsweise auf einer bemehlten Arbeitsfläche etwa 4 mm dick ausrollen. Mit Ausstechern ausstechen und die Plätzchen mit etwas Abstand zueinander auf mit Backpapier ausgelegte Bleche legen.

3 Den Backofen auf 200 °C Ober-/Unterhitze (180 °C Umluft) vorheizen und die Plätzchen darin (Mitte) 8–10 Minuten hellbraun backen. Herausnehmen, erst kurz auf dem Blech, dann auf einem Kuchengitter vollständig auskühlen lassen.

4 Puderzucker und Zitronensaft glatt verrühren und in eine kleine Spritzdekorflasche oder -beutel füllen. Die Plätzchen damit verzieren: Gesicht, Kleidung und Knöpfe aufspritzen. Auf ein Kuchengitter legen und den Guss trocknen lassen.

TIPP

Wer will, kann die Keksfigürchen natürlich noch richtig chic ausstaffieren: Dazu den Guss mit Lebensmittelfarbe einfärben und „Knöpfe“ oder „Schmuck“ mit Liebesperlen oder Schokolinsen aufkleben.

WENN IM *Wein*
DIE WAHRHEIT LIEGT,
LIEGT DANN IM
Glühwein DIE
ERLEUCHTUNG?

15

15

GINGER SNOW CAPS

Nochmal Lebkuchen, in Kugelform gebacken. Die sind schnell gemacht und können deshalb einen Guss und etwas Glitzer und Glamour vertragen.

FÜR CA. 70 STÜCK

FÜR DIE KEKSE

70 g Orangeat

125 g weiche Butter

125 g brauner Zucker

1 Ei (Größe M)

50 g Melasse

300 g Mehl

Salz

1 TL Backpulver

1 EL Backkakao

3 TL Lebkuchengewürz

FÜR DEN GUSS

150 g Puderzucker

2–3 EL Zitronensaft

Glitzerzucker

1 Das Orangeat mit einem großen Messer ganz fein hacken. Die Butter in Stücke schneiden und mit den Schneebesen der Küchenmaschine oder des Handrührgeräts weiß-cremig rühren, dabei den Zucker nach und nach einrieseln lassen. Erst das Ei gründlich unterrühren, bis eine cremig-weiche Masse entstanden ist, dann die Melasse hinzugeben.

2 Mehl, 1 gute Prise Salz, Back-, Kakao- sowie Gewürzpulver vermischen und mit dem Orangeat zügig mit einem Löffel unter die Butter-Eier-Masse rühren. Den Teig zur Kugel formen, in Folie wickeln, etwas flach drücken und 2 Stunden kühlen.

3 Den Backofen auf 175 °C Ober-/Unterhitze (150 °C Umluft) vorheizen und Backbleche mit Backpapier auslegen. Den Teig zu etwa walnussgroßen Bällchen formen und mit etwas Abstand zueinander auf die Bleche setzen. Im heißen Ofen (Mitte) nacheinander 10–12 Minuten backen. Herausnehmen, leicht abkühlen lassen, dann auf einem Kuchengitter vollständig auskühlen lassen.

4 Puderzucker und Zitronensaft zu einem dicklichen Guss rühren. So auf die Plätzchen streichen, dass der Guss leicht nach unten laufen kann. Nach Wunsch mit Glitzerzucker bestreuen.

Life is too short to just eat one Cookie

16

16

STICKY TOFFEE BITES

It's a sin: Knusperkeks mit supersticky Karamellfüllung, üppig Nuss und Schokolade. Widerstand ist zwecklos, und das Leben zu kurz, um vernünftig zu sein.

FÜR CA. 25 STÜCK

FÜR DEN TEIG

100 g Butter

150 g Mehl

Salz

50 g Rohrohrzucker

FÜR DIE TOFFEE-CREME

90 g Zucker

60 g Butter

400 g gesüßte Kondensmilch (z. B. Milchmädchen)

180 g gesalzene und geröstete Macadamianusskerne

AUSSERDEM

quadratische Backform (20 x 20 cm)

150 g dunkler Kuchenguss

1 Für den Teig die Butter in einem Topf bei niedriger Hitze zerlassen. Mehl mit 1 Prise Salz und dem Zucker mischen. Die Butter zugeben und alles mit den Knethaken des Handrührgeräts zu einem Teig zusammenkneten. Die Backform mit Backpapier auslegen. Den bröseligen Teig hineingeben und mit leicht bemehlten Händen darin fest und glatt drücken, dann mit einer Gabel mehrmals einstechen. 30 Minuten im Kühlschrank kühlen.

2 Den Backofen auf 180 °C Ober-/Unterhitze (160 °C Umluft) vorheizen. Die Backform hineinstellen (Mitte) und den Boden 18–20 Minuten goldbraun backen. Dann herausnehmen und auf einem Kuchengitter abkühlen lassen.

3 Für die Toffee-Creme Zucker mit 100 ml Wasser in einen Topf geben und unter Rühren bei starker Hitze etwa 5 Minuten kochen lassen, bis sich der Zucker aufgelöst hat. Butter und Kondensmilch zum Zuckersirup geben und 8–10 Minuten unter ständigem Rühren kochen, bis eine goldbraune dickliche Masse entstanden ist. Etwas davon auf einen Teller tropfen und kurz in den Kühlschrank stellen. Die Masse sollte nun cremig fest sein, ansonsten eventuell noch 1–3 Minuten weiterkochen.

4 Die Macadamianüsse grob hacken. Die Hälfte unter die dicke warme Masse rühren und auf dem ausgekühlten Teigboden verstreichen. Die restlichen Nüsse obenauf streuen und eindrücken. Vollständig auskühlen lassen und (über Nacht) an einem kühlen Ort fest werden lassen.

5 Den Kuchenguss nach Packungsanweisung schmelzen lassen und in Streifen über die Nuss-Toffee-Masse geben. Fest werden lassen, dann den Kuchen aus der Form heben und mit einem scharfen Messer in etwa 4 x 4 cm große Stücke schneiden.

WENN DIE
Häuser funkeln
UND DIE
Kinderaugen strahlen,
DANN IST WIEDER
Weihnachten

17

17

SANTA CLAUS' KISSES

Küsschen unter dem Mistelzweig. Noch süßer schmecken allerdings diese luftig leichten Baisers und die Schokocreme dazwischen – einfach himmlisch!

FÜR CA. 25 STÜCK

FÜR DIE KÜSSE

2 frische Eiweiß (Größe M)

Salz

100 g Zucker

1 TL Zitronensaft

rote Lebensmittelfarbe

FÜR DIE FÜLLUNG

50 g weiße Schokolade

Mark von ⅓ Vanilleschote

100 g weiche Butter

1 Die Eiweiße mit 1 Prise Salz mit den Schneebesen der Küchenmaschine oder des Handrührgeräts sehr steif schlagen, dabei den Zucker nach und nach einrieseln lassen. So lange weiterschlagen, bis der Zucker sich möglichst vollständig gelöst hat, und die Masse richtig schön glänzt, dann den Zitronensaft unterschlagen.

2 Den Backofen auf 90 °C Ober-/Unterhitze (70 °C Umluft) vorheizen und ein Backblech mit Backpapier auslegen. Einen Spritzbeutel mit Sterntülle so umschlagen, dass man gut an den inneren Teil gelangt. Mit einem schmalen Pinsel 2–3 Streifen Lebensmittelfarbe längs auf der inneren Seite des Spritzbeutels mit Abstand zueinander auftragen. Den Beutel vorsichtig mit Baisermasse befüllen (dazu am besten in ein hohes Rührgefäß stellen).

3 Auf das Blech etwa 50 Tupfen (à etwa Ø 2 cm) setzen, dabei den Spritzbeutel exakt senkrecht aufstellen, damit die Tupfen gleichmäßig werden. Im heißen Ofen (Mitte) 50–60 Minuten trocknen lassen. Herausnehmen und abkühlen lassen.

4 Die Schokolade in Stücke brechen und in einer Schüssel über dem heißen Wasserbad bei nicht allzu großer Hitze schmelzen lassen. Vanillemark unterrühren und etwa 10 Minuten abkühlen lassen. Inzwischen die Butter in Stücke schneiden und mit den Schneebesen des Handrührgeräts weiß und cremig rühren. Die flüssige Schokolade nach und nach unterrühren.

5 Die Schokocreme in einen Spritzbeutel füllen und etwas davon auf die Unterseite der Hälfte der Baiser-Hütchen spritzen. Die übrigen Hütchen daraufsetzen und leicht festdrücken. An einem kühlen Ort (nicht im Kühlschrank!) fest werden lassen. Die Hütchen halten sich kühl gelagert 3–4 Tage.

CHRISTMAS
SHOPPING

„Shop till you drop". Einkaufen bis zum Umfallen oder bis der Geldbeutel leer ist, das geht im Big Apple mühelos. Aber auch wer nichts kaufen will, wird bei einer Tour durch die Einkaufsmeilen der Fifth Avenue voll auf seine Kosten kommen.

Hier locken all die großen Traditionshäuser wie Macy's, Bloomingdale's, Saks Fifth Avenue oder Tiffany mit ihren Christmas Windows. Die aufwendigen Schaufensterdekorationen werden inzwischen oft von Künstler*innen und Designer*innen gestaltet: Wahre Weihnachtsmärchen mit funkelnden Winterwäldern, Zaubergärten und Feenschlössern, in denen sich Zwerge, Elfen und andere Fabelwesen ein fantastisches Stelldichein geben.

Wer erst einmal genug vom Window-Shopping hat, biegt von der Fifth Avenue am Flatiron Building zum Broadway hin ab, wo während der Flat Iron Cheers vom 1. bis 23. Dezember täglich Kunstaktionen und kleine Events stattfinden. Hier kann man schauen, staunen und sich treiben lassen und so gemütlich zum Union-Square-Weihnachtsmarkt hinunter spazieren. Zahllose Buden bieten hier Kunsthandwerk und Nippes an, und zur Stärkung und gegen Frostfinger gibt es zwischendurch frische heiße Waffeln und selbst hergestelltes Craftbeer, das von innen wärmt.

18

Chocolate

WON'T SOLVE

ANY PROBLEMS.

BUT AN

Apple

neither

19

Schokolade

HAT NUR
WENIGE

Vitamine,

DESHALB
MUSS MAN
ZIEMLICH
VIEL DAVON

essen

20

Home is where the Cookie is

21

Life is what you bake it

22

WENN DIE HÄUSER

strahlen,

UND DIE KINDERAUGEN

funkeln,

DANN IST

Weihnachten

23

UNDER THE CHRISTMAS TREE

Voller Spannung fiebern die New Yorker diesem Moment entgegen: Wenn ihr Bürgermeister endlich den Lichtschalter umlegt und der riesige, geschmückte Tannenbaum vor dem Rockefeller Center in vollem Lichterglanz erstrahlt.

Jetzt weiß wirklich jeder: It's Christmas time. Mit dem Kristallstern auf seiner Spitze ist er das wohl imposanteste Wahrzeichen der weihnachtlichen Metropole und lockt täglich über eine Million Besucher an.

Gleich um die Ecke auf der Sixth Avenue, mit einem kleinen Fußmarsch erreichbar, strahlt es kaum weniger. Gigantische Wunderkerzen, Tannenbäume, oder rote Christbaumkugeln, die sich im Wasser eines Brunnens spiegeln, leuchten mit der Reklame der Radio City Music Hall um die Wette. Diese wirbt jedes Jahr für das City Christmas Spectacular.

Kein Geringerer als Santa Claus persönlich eröffnet die rund anderthalbstündige Show, bei der die legendäre Tanzgruppe Rockettes die Beine schwingen wird: zu Klängen von „Jingle Bells" bis „Santa Claus is coming to town" und vielen anderen Weihnachtsklassikern. Und wie jedes Jahr wartet das Publikum gespannt aufs Ende, auf die Parade der „Wooden Soldiers", bei der alle Rockette-Tänzerinnen wie Dominosteine ineinander umfallen.

24

IMPRESSUM

Bibliografische Information der Deutschen Bibliothek.

Die Deutsche Bibliothek verzeichnet diese Publikation in der Deutschen Nationalbibliografie.

Detaillierte bibliografische Daten sind im Internet über http://www.dnb.de/ abrufbar.

EIN BUCH DER EDITION MICHAEL FISCHER

1. Auflage 2022

Cover, Layout und Satz: Vinzenz Dürr
Projektmanagement: Carina Baier

Texte: S. 3, 14–15, 18–19, 22–23, 26–27, 30–31, 34–36, 38–39, 42–43, 46–47, 50–51, 54–55, 58–60, 62–63, 66–67, 70–71, 74–75, 78–79, 82–84, 86–87, 90–91, 94–95, 98–99, 102–103, 106–107, 106–108, 110–111: Tanja Dusy; S. 6–9: Jennifer Mönchmeier; S. 10–11: Sara Plavic
Bilder: S. 1: ©detchana wangkheeree/Shutterstock; S. 2, 16–17, 20–21, 24–25, 28–29, 32–33, 36, 40–41, 44–45, 48–49, 52–53, 56–57, 60, 64–65, 68–69, 72–73, 76–77, 80–81, 84, 88–89, 92–93, 96–97, 100–101, 104–105, 108: ©rangizzz/Shutterstock; S. 2–5, 37, 62, 85, 109: ©Paladin12/Shutterstock; S. 6–9: ©Jennifer Mönchmeier, Rheda-Wiedenbrück; S. 10–11: ©Sara Plavic, Zücrich; S. 12–15, 19, 23, 27, 31, 25, 39, 43, 47, 51, 55, 59, 63, 67, 71, 75, 79, 83, 87, 91, 95, 99, 103, 107, 111: Tina Bumann, Bretten; S. 36, 40, 84, 108: ©Artco/Shutterstock
Layoutelemente und Illustrationen: ©Pia von Miller (S. 37, 61, 85); ©MG Drachal/Shutterstock (Zweige), ©Unicornspedia/Shutterstock (S. 16: Geschenk, Schleife; S. 44, 64: Lebkuchenmännchen; S. 48: Schneekugel; S.68: Ofenhandschuh; S. 72: Glas, Kerze; S. 104: Stern); ©Artco/Shutterstock (S. 36: Schlittschuh; S. 60: Santa Clause; S. 84: Geschenk; S. 108: Weihnachtsbaum); ©suesse/Shutterstock (Christbaumanhänger)

ISBN 978-3-7459-1249-4

Gedruckt bei Polygraf Print, Čapajevova 44,
08001 Prešov, Slowakei

www.emf-verlag.de

4

15